LETTER TRACING
BOOK FOR
PRESCHOOLERS

From taking their first steps to learning how to read, children gain inner strength as they master new skills.

This workbook is designed to help your child to discover the alphabet from A to Z.

© 2014

Trace along the grey guideline to write the letters of the alphabet.

A is for

apple

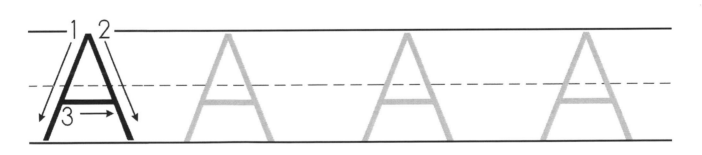

A A A A

A A A A

A A a a

a a a a

a a a a

B is for

bear

-1 2
B 3   B   B   B   B

-1
2
b   b   b   b

B B B B

B B B B

B B b b

b b b b

b b b b

C is for

cheese

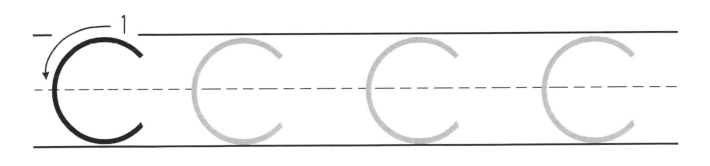

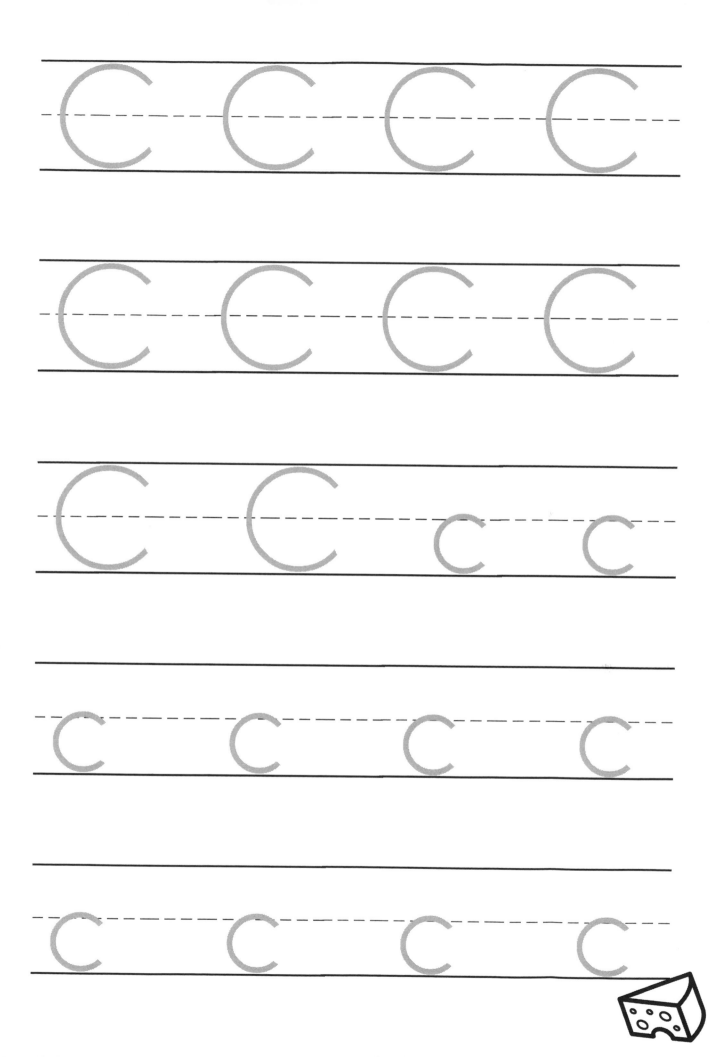

D is for

dolphin

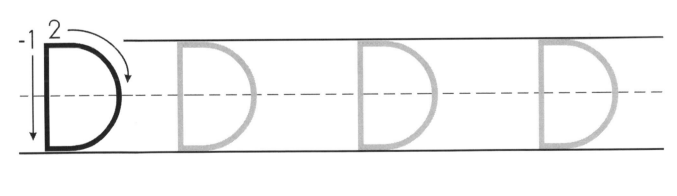

D D D D

D D D D

D D d d

d d d d

d d d d

E is for

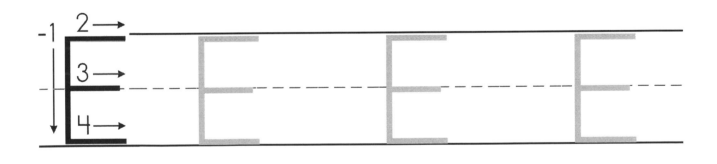

elephant

E   E   E   E

e   e   e   e

E E E E

E E E E

E E e e

e e e e

e e e e

F is for

flower

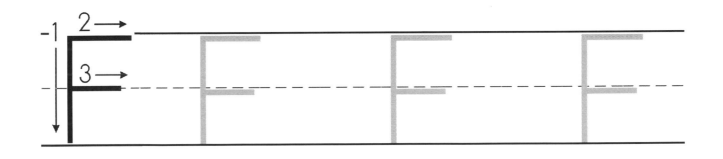

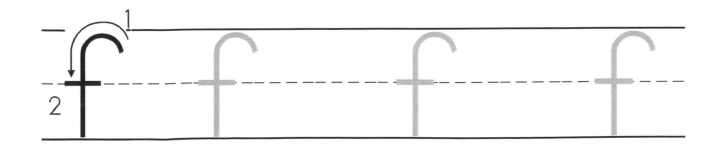

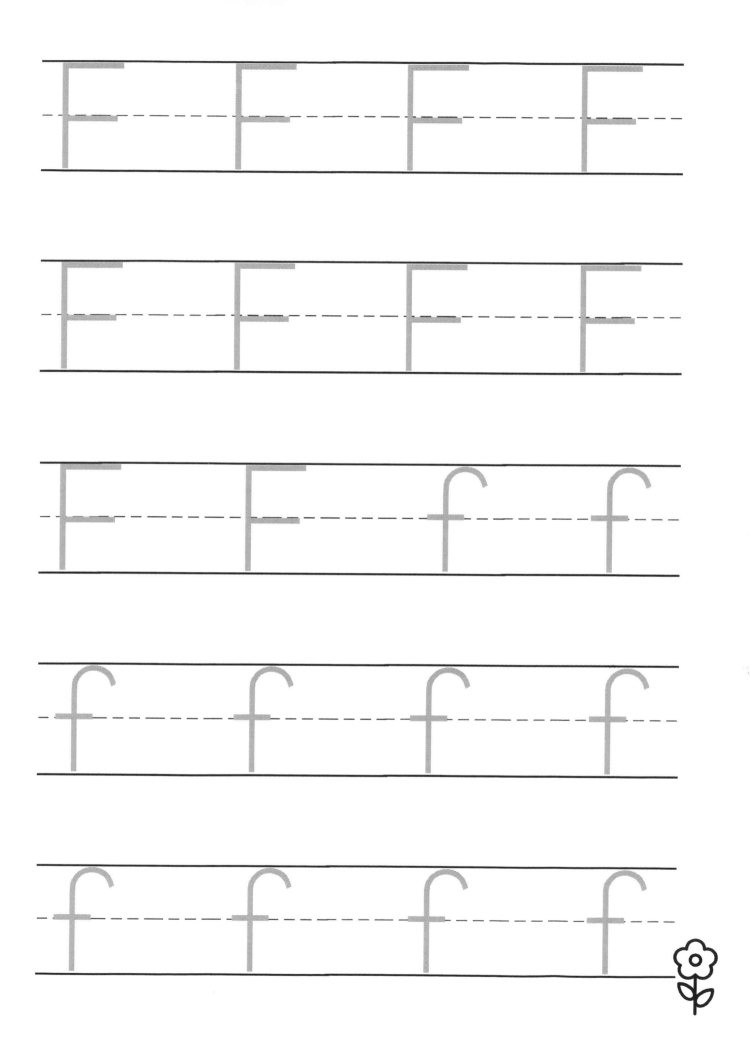

G is for

ghost

G G G G

G G G G

G G g g

g g g g

g g g g

H is for

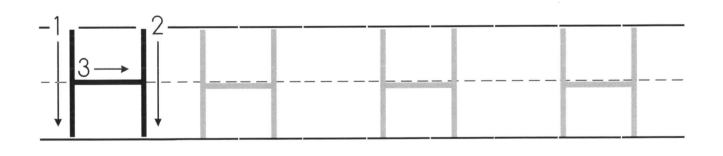

hand

H

h

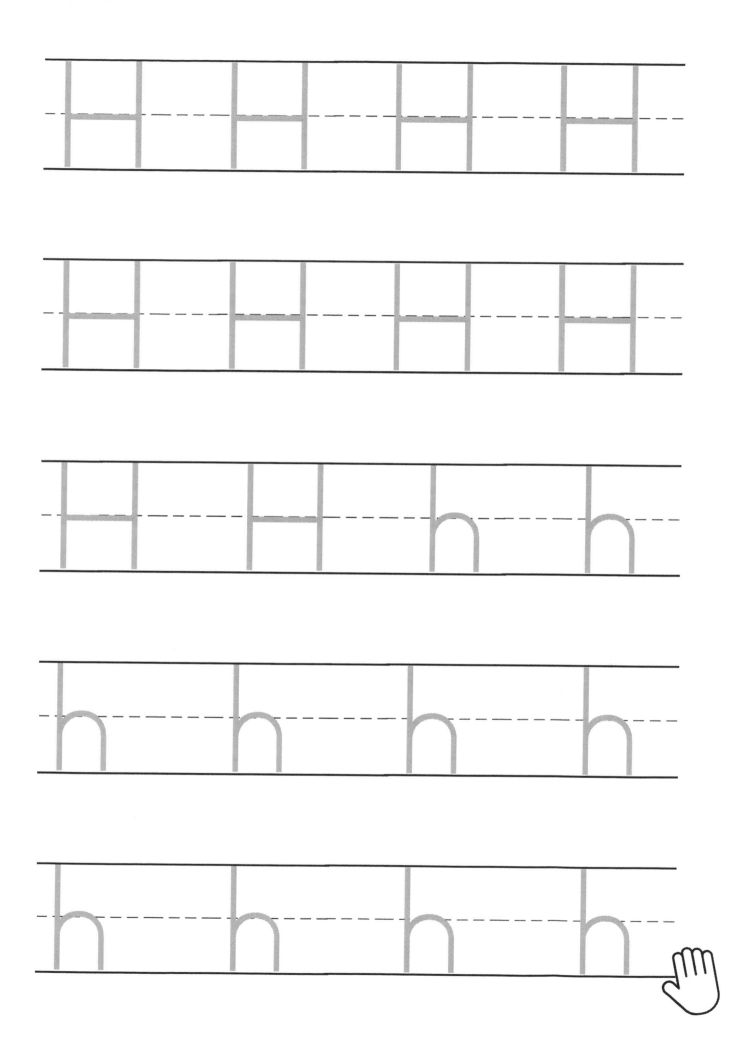

I is for

ice cream

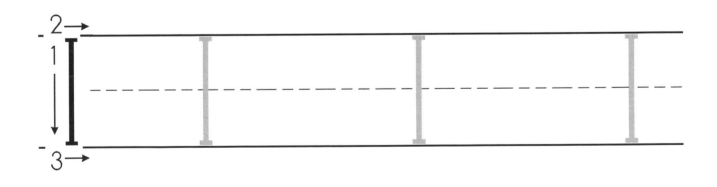

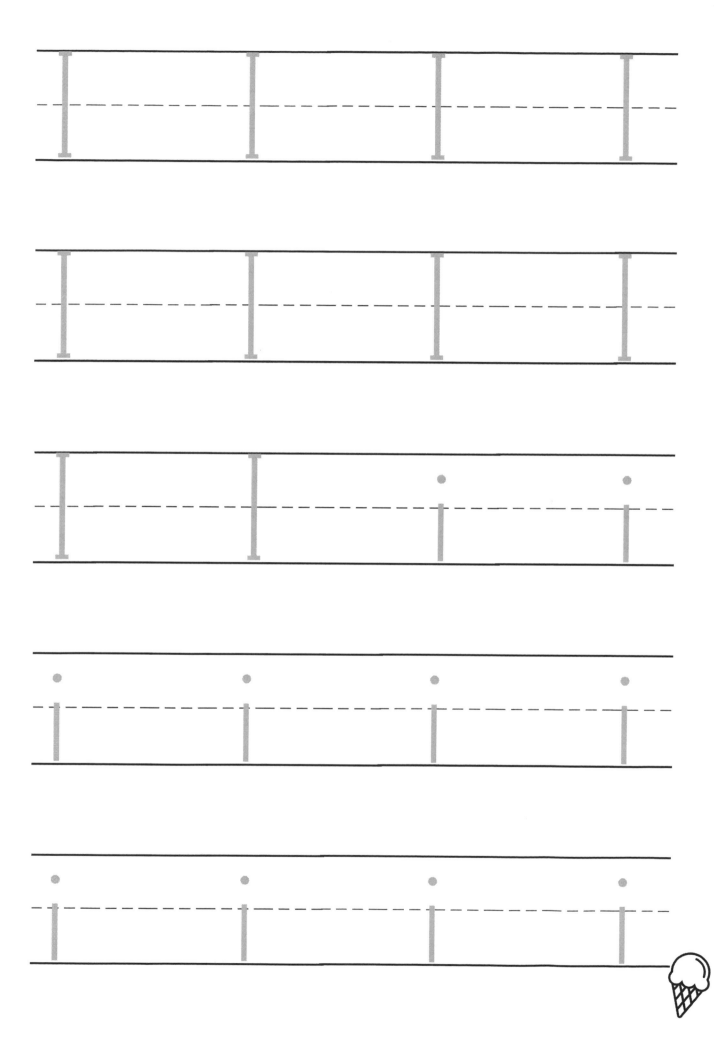

J is for

jeans

J J J J J J J

j j j j j j j

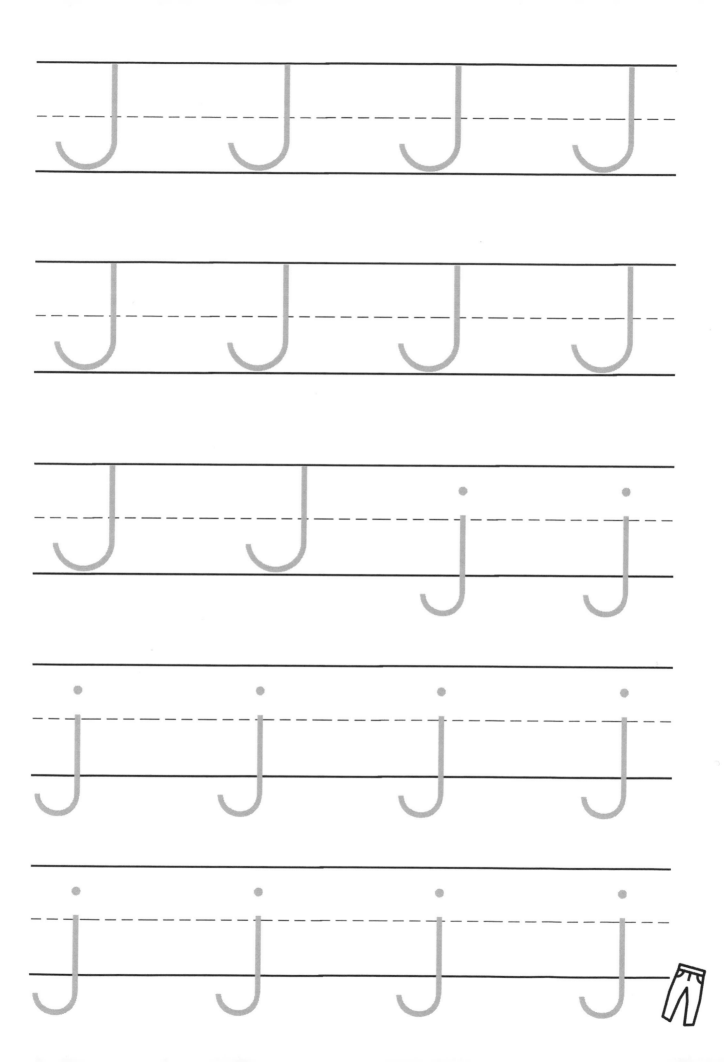

K is for

kite

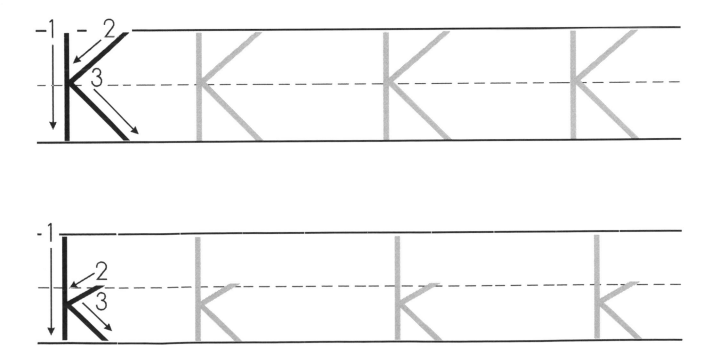

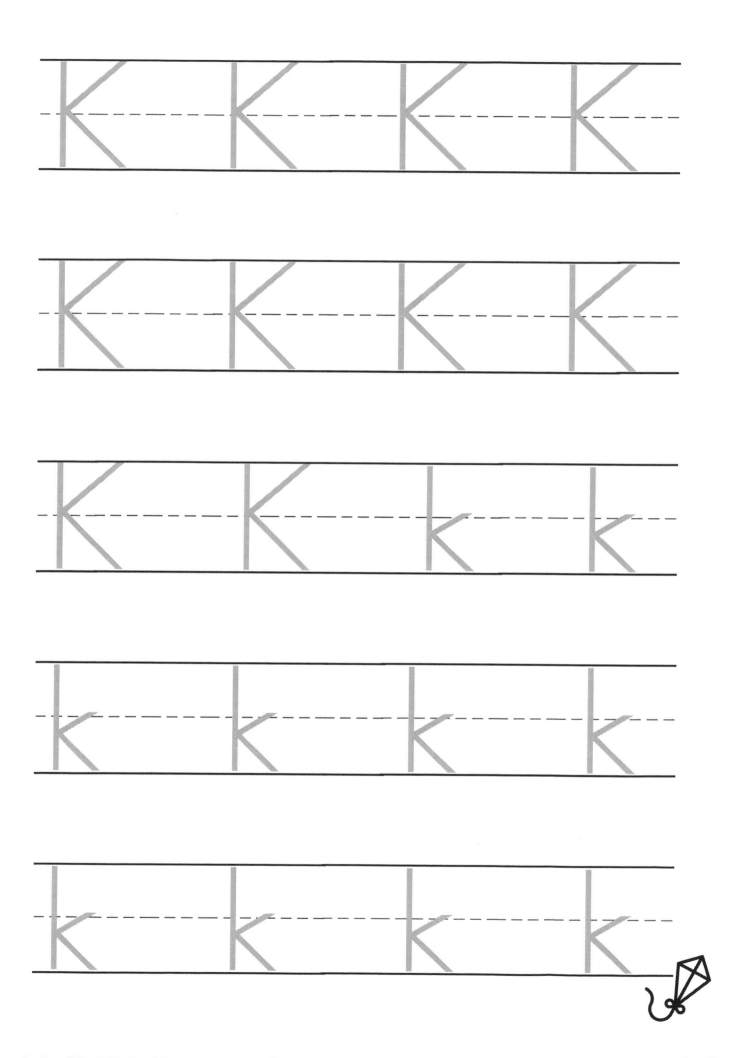

L is for

lemonade

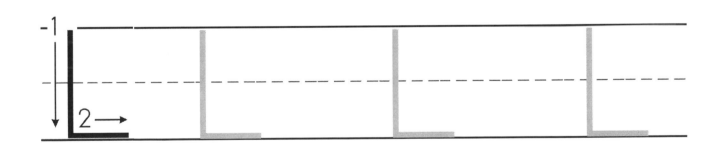

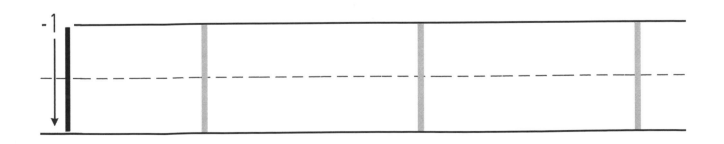

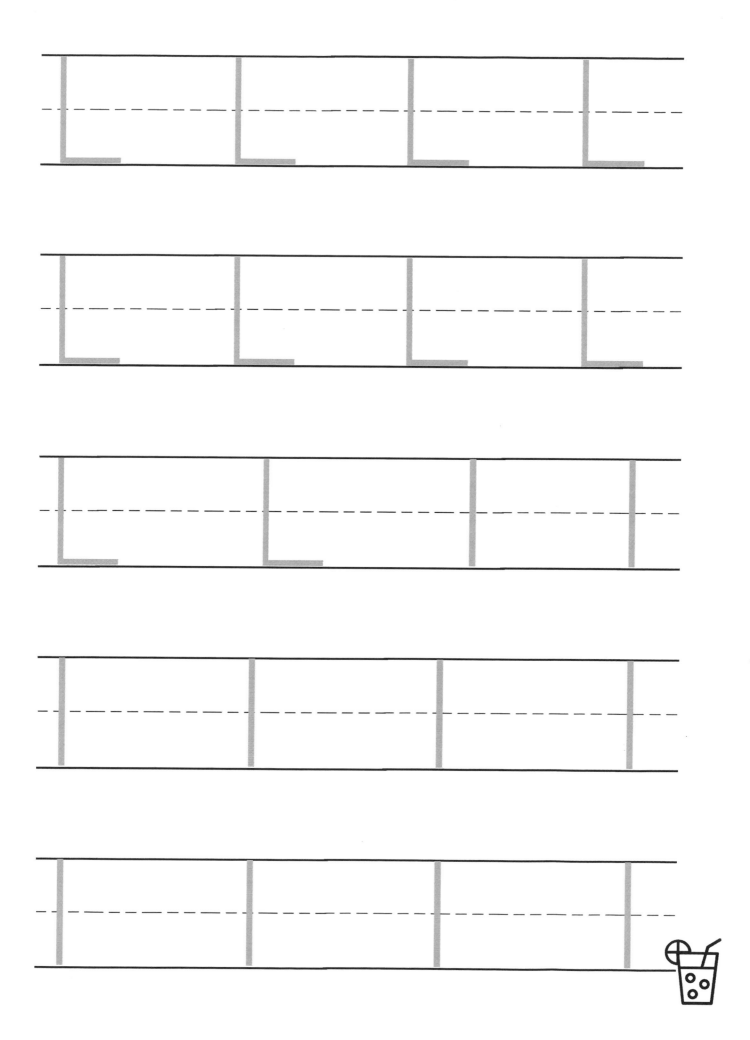

M is for

mouse

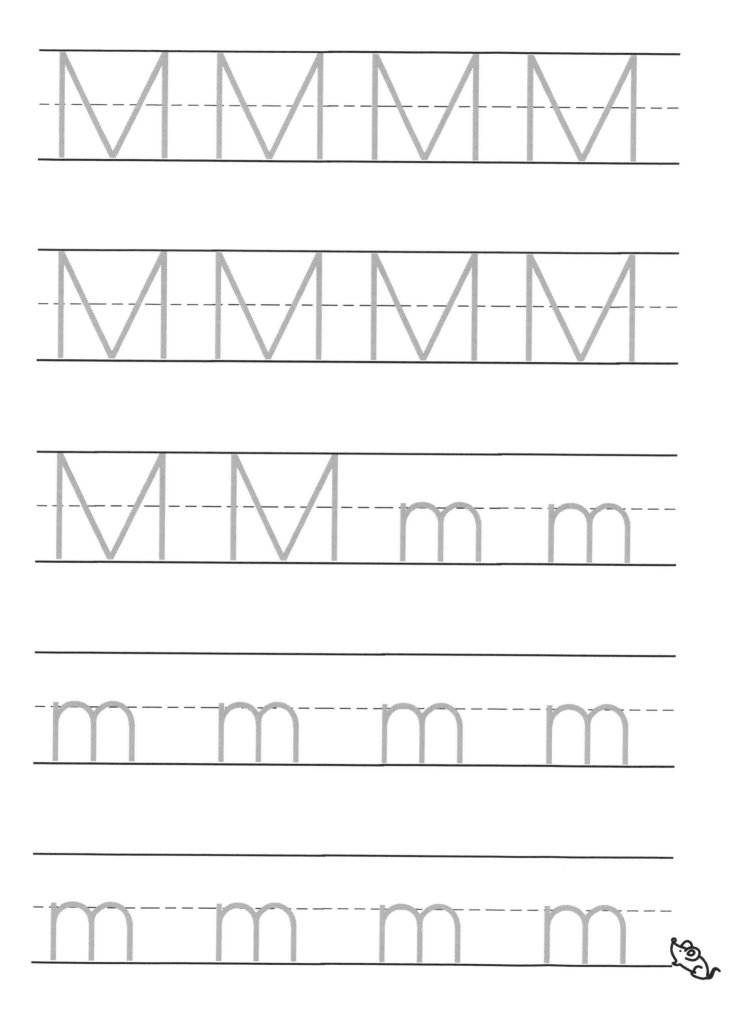

N is for

nest

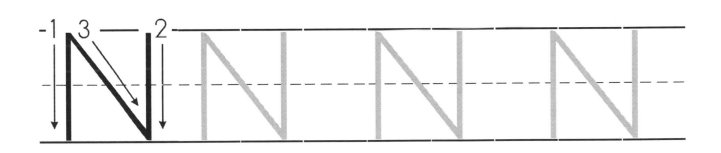

is for

owl

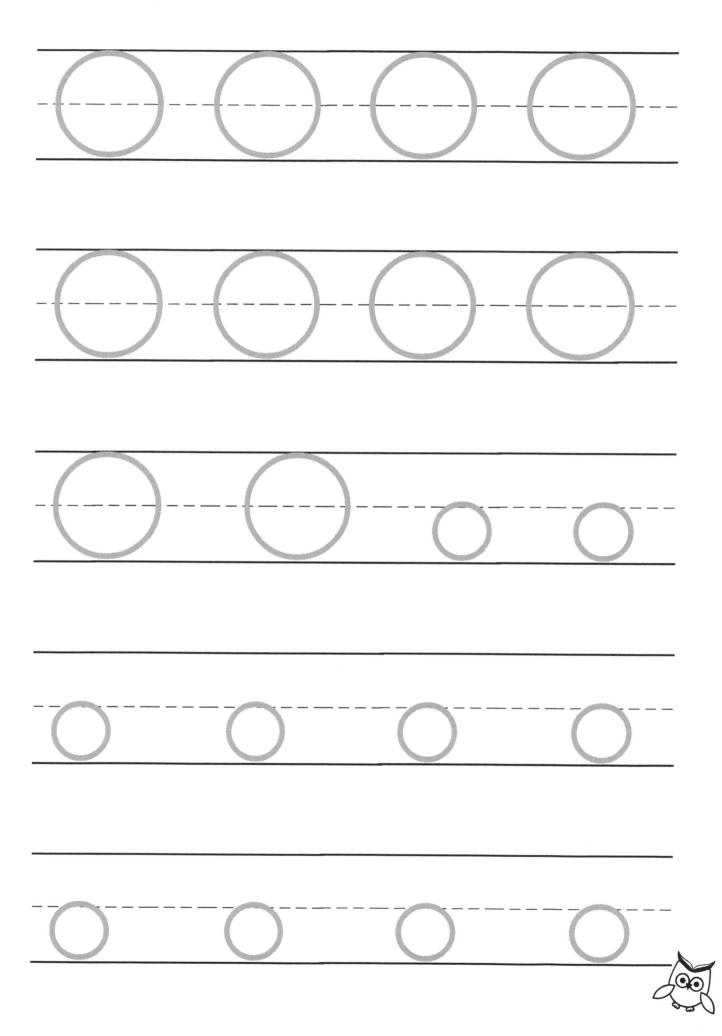

P is for

pirate

P P P P

p p p p

P P P P

P P P P

P P p p

p p p p

p p p p

Q is for

queen

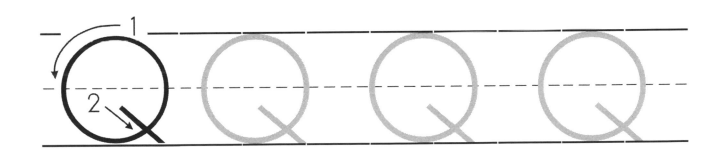

Q Q Q Q

Q Q Q Q

Q Q q q

q q q q

q q q q

R is for

rabbit

R R R R R

r r r r r

R R R R

R R R R

R R r r

r r r r

r r r r

S is for

shell

S S S S

S S S S

S S S S

S S S S

S S S S

S S S S

S S S S

T is for

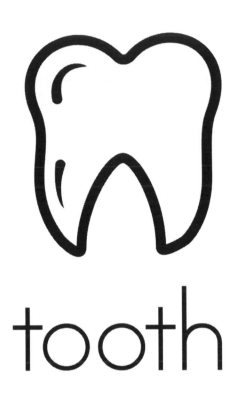

tooth

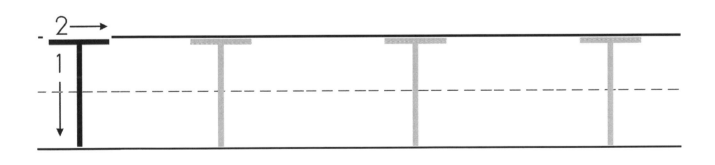

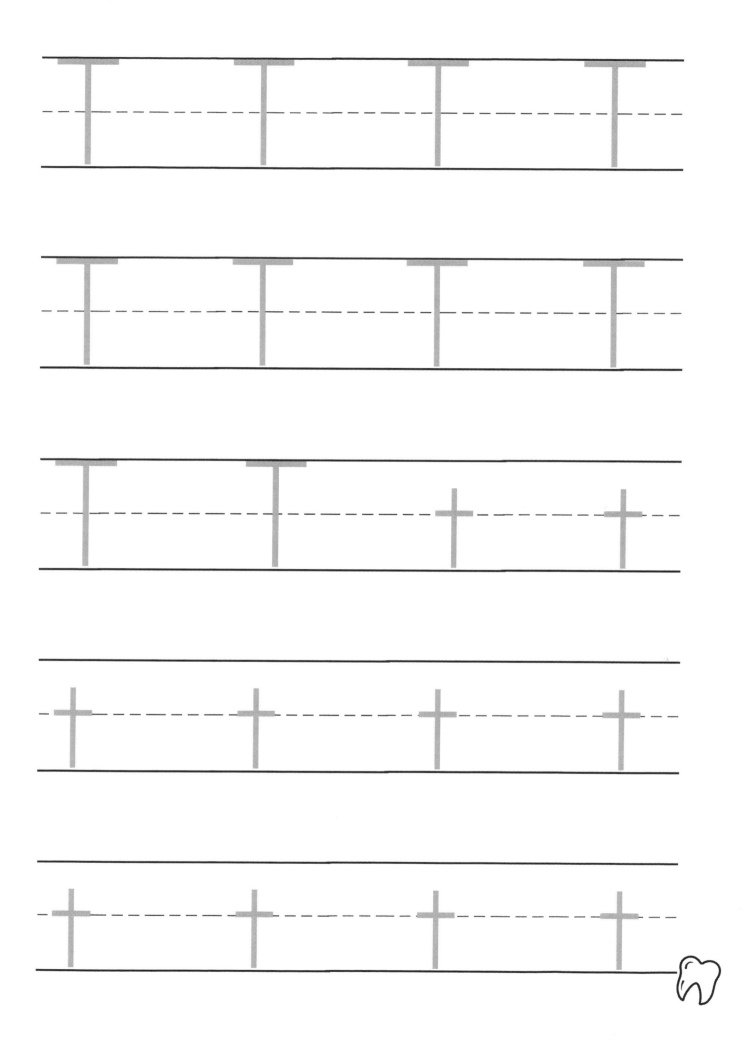

U is for

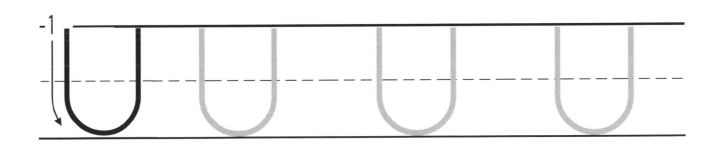

unicorn

-1 U U U U

1 u 2 u u u

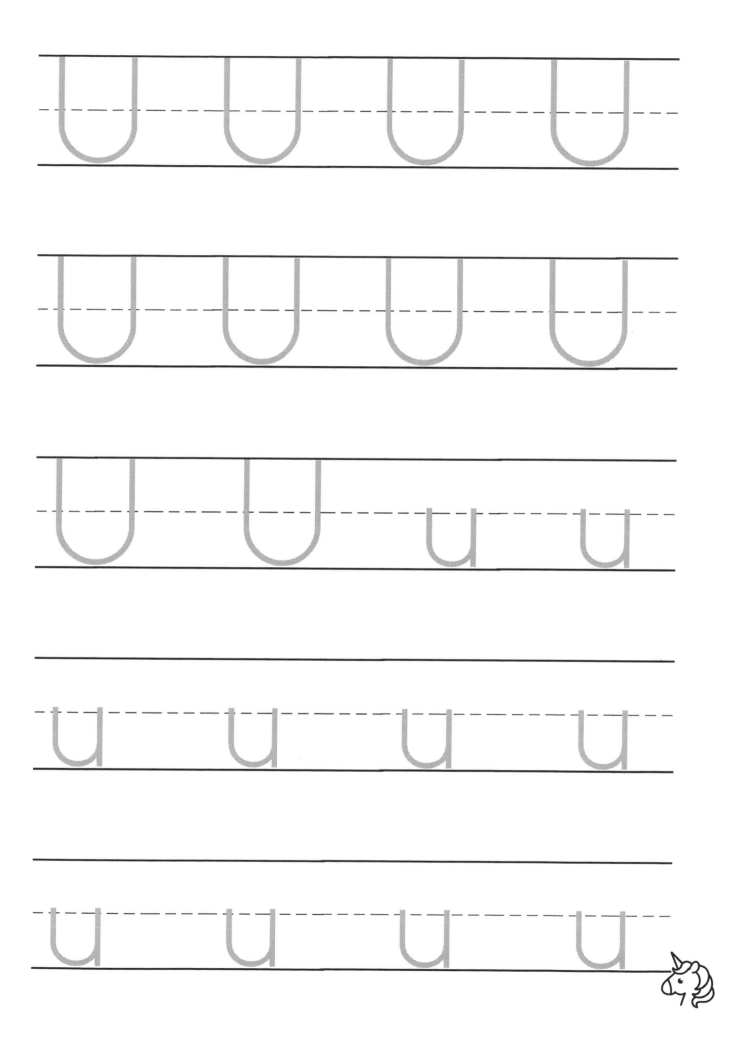

V is for

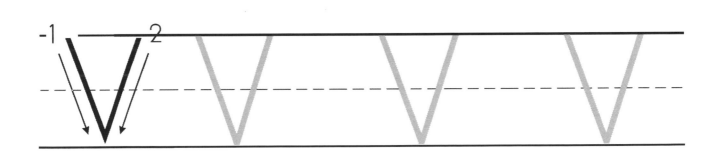

violin

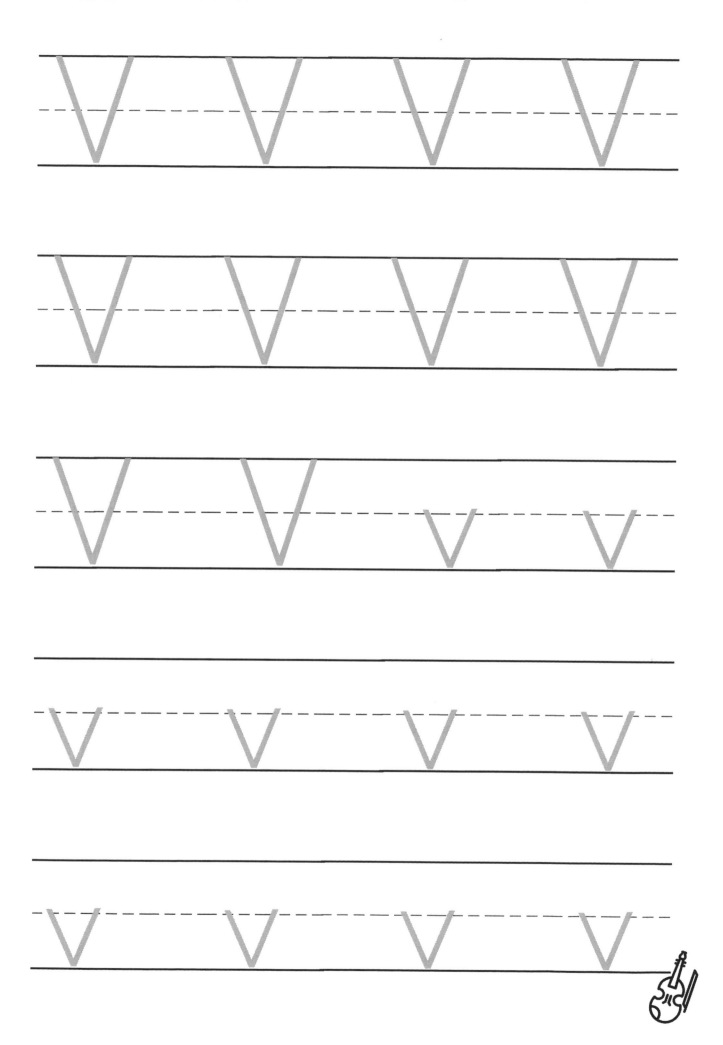

W is for

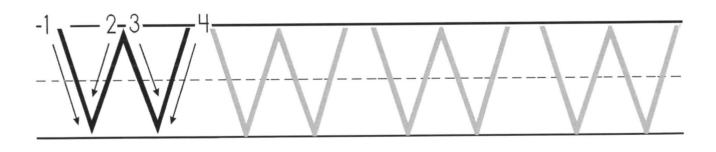

wolf

X is for

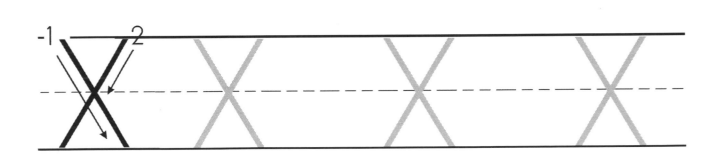

xylophone

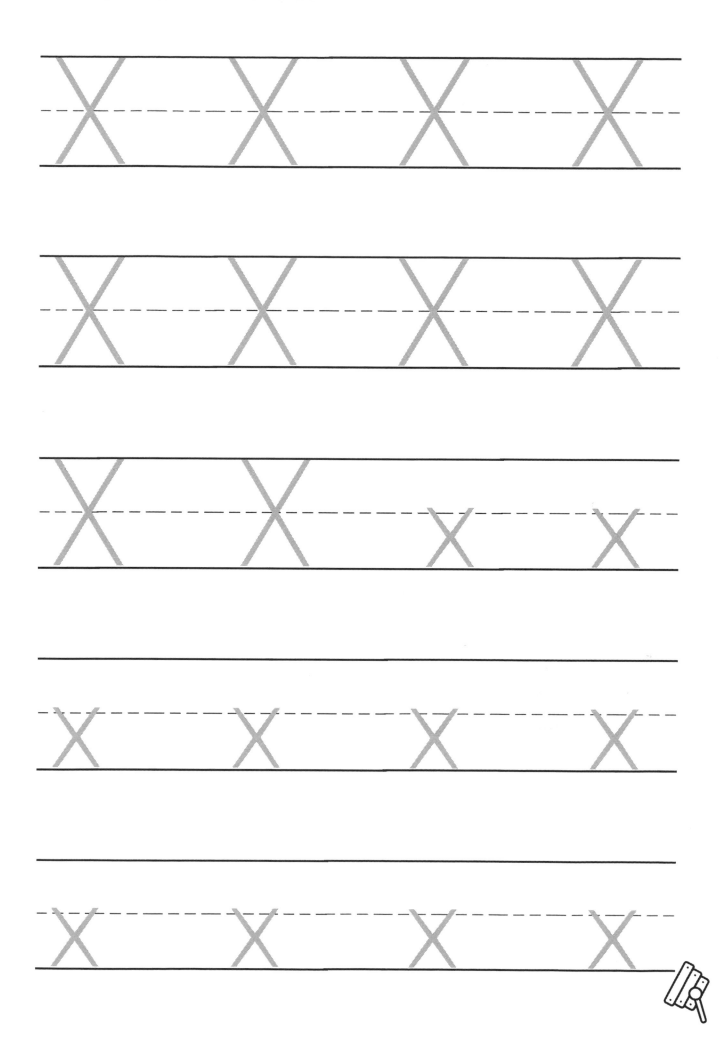

Y is for

yoyo

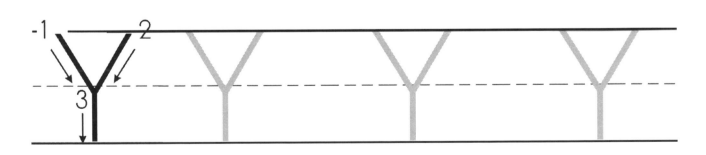

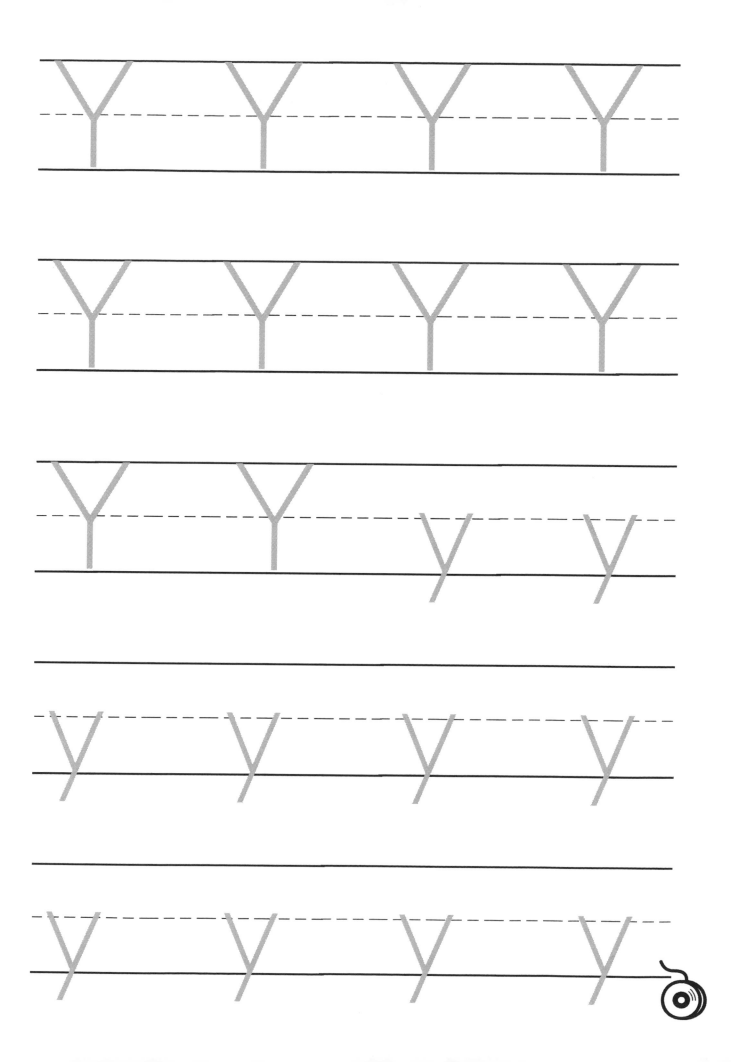

Z is for

zebra

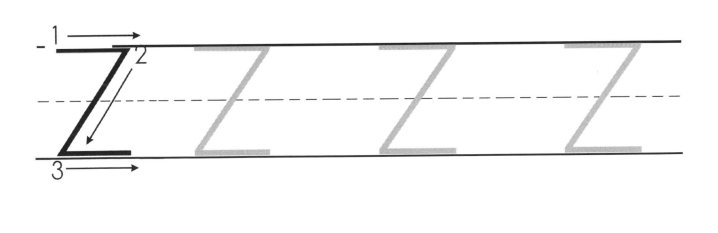

Z Z Z Z

Z Z Z Z

Z Z Z Z

Z Z Z Z

Z Z Z Z

WELL DONE!

Now you know the alphabet from A to Z.

LET'S PRACTICE MORE!

Aa

apple

apple

Bb

bear

bear

Cc

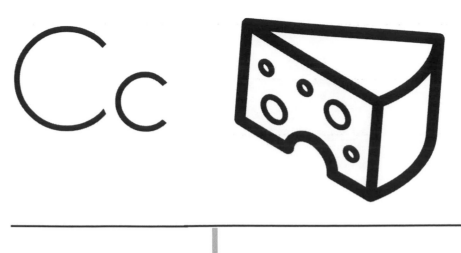

cheese

cheese

Dd

dolphin

dolphin

E e

elephant

elephant

F f

flower

flower

G g

ghost

ghost

Hh

hand

hand

Ii

ice cream

ice cream

Jj

jeans

jeans

Kk

kite

kite

Ll

lemonade

lemonade

Mm

mouse

mouse

Nn

nest

nest

Pp

pirate

pirate

Qq

queen

queen

Rr

rabbit

rabbit

Ss

shell

shell

Tt

tooth

tooth

Uu

unicorn

unicorn

Ww

wolf

wolf

Xx

xylophone

xylophone

Y y

yoyo

yoyo

Zz

zebra

zebra